AF563463

UNE SÉQUESTRATION ARBITRAIRE
DE 43 ANNÉES

L'AFFAIRE MISTRAL

(SCANDALE DE MONTPELLIER)

Lettre de Jean Mistral à son père et à un ami
Protestation d'un Arlésien contre sa séquestration.
Documents établissant qu'il n'était point fou
quand on l'a enfermé en 1837.
Son mariage en Pologne. — Son retour à St-Rémy.
Arrestation et expulsion
de Christine Dombrowska, sa femme.
Sequestration de Jean Mistral, par ses héritiers.
Son état actuel.

PAR

J. de LETOWSKI
Publiciste

EN VENTE A PARIS CHEZ L'AUTEUR
31, RUE BONAPARTE, 31

Prix : 20 Centimes

PARIS
IMPRIMERIE ADOLPHE REIFF
9, place du Collège de France.

1882

L'AFFAIRE MISTRAL

AVANT-PROPOS

Depuis les articles parus dans le VOLTAIRE sous ce titre : le *Fou aux soixante millions*, le drame de Saint Rémy, autrement dit l'*affaire Mistral* est trop connue du public pour qu'il soit besoin de faire précéder les documents que nous publions d'une longue explication.

Un négociant de Marseille, M. Fournier, homme courageux et opiniâtre, lutte depuis dix ans en vain pour faire sortir un de ses parents, Jean Mistral, d'un asile d'aliénés, où il est enfermé depuis quarate-trois ans.

Lettres aux ministres, démarches, visites chez les députés, plaintes au procureur, rien n'a été épargné par lui. C'était à désespérer de réussir, lorsque la commission des pétitions prit en considération celle qu'il lui adressa, en invitant le Ministre à faire cesser un *état de choses aussi regrettables* (sic !) (rapport de M. Vielfaure sur la petition, n° 426). Grand émoi dans tout le Midi, où on croyait Jean Mistral mort depuis 20 ans. On se demanda si le VOLTAIRE plaisantait. Une séquestration arbitraire de 43 années ! Cela paraît impossible. M. Fournier, il est vrai, ne prétendait point dans sa pétition que son parent eut à l'heure actuelle toutes ses facultés. Il se contentait de demander qu'on le remît aux mains d'un médecin attaché à sa personne qui s'efforcerait d'apporter à sa situation tout les adoucissements que comporterait sa fortune considérable. Mais même une séquestration dans de semblables conditions, non motivée par des considérations d'ordre public, semblait une monstruosité telle qu'on refusait d'y croire. Aujourd'hui, le doute n'est plus permis. Personne n'ose affirmer que Jean Mistral soit dangereux, et cependant on le tient sequestré. Depuis des années ses revenus considérables accroissent la fortune de son tuteur qui est en même temps son héritier. La loi de 1838 qui ne tolère point le cumul des fonctions de curateur d'un aliéné non interdit avec la qualité d'héritier, le permet, paraît-il, quand il s'agit d'un interdit. C'est à cette anomalie bizarre que Jean Mistral doit d'être condamné par son neveu à une détention perpétuelle.

Nous n'entendons pas discuter la folie de ce malheureux. Malgré la lucidité des réponses qu'il a faites au correspondant du Voltaire en présence du Procureur de la République de Montpellier, lucidité qui ne s'accorde guère avec les réponses absolument incohérentes consignées dans le rapport des médecins qui l'ont examiné en 1880, Jean Mistral est atteint de cette absence de mémoire, de cette paresse d'esprit qui caractérise la démence, mais l'article 510 du code civil édicte que les revenus de l'interdit doivent être employés *essentiellement* à l'amélioration de sa santé. Dès lors, on ne peut qu'applaudir aux efforts de M. Fournier, demandant au Ministre qu'il rappelle par la voie administrative la famille Mistral à l'exécution de l'article 510 du code civil et à l'accomplissement d'un devoir strict.

Sans contester l'état actuel du malade, il est permis de se demander si cet état n'est pas le résultat de la séquestration ellemême, et si Jean Mistral n'est pas la victime d'un ressentiment paternel, comme il y en a heureusement peu d'exemples. La famille prétend que c'est à la suite d'une blessure qu'il a commencé à divaguer, et qu'on a dû le faire enfermer. Il se serait jeté un jour sur le tambour-major d'un régiment qui passait. D'après le récit du Voltaire qui a fait une enquête sur le lieux, Jean-Mistral aurait été arrêté à son retour de Pologne au moment où il arrivait à St-Remy en compagnie de sa jeune femme. A partir de ce moment il aurait été séquestré par son père. Dès lors on ne comprend plus l'épisode du tambour-major qui se place forcément dans le récit de la famille après le retour de Pologne.

Nous avons eu l'idée de rechercher dans les journaux du temps ce qui se rattache à cet lamentable histoire, et nous publions le résultat de nos recherches. La sévérité féroce du père de Jean-Mistral a soulevé en 1838 des protestations qui trouvent encore un écho après quarante-trois ans dans toute la région du midi. Nous publions plus loin la lettre d'un compatriote de Mistral, écrite au lendemain de l'arrestation. Elle tend à prouver, que ce malheureux n'était point fou en 1837, mais qu'il l'est devenu sous l'influence d'un séquestration de près d'un demi-siècle.

EXTRAIT

DU « PUBLICATEUR » EN 1839

Journal de l'arrondissement d'Arles. — B. D. R.

TRIBUNAUX

Nous avons trouvé dans le *Droit*, journal des tribunaux, l'article suivant que nous reproduisons comme étant relatif à un évènement qui a eu quelque retentissement dans nos contrées. Mais en faisant cette insertion, nous devons nous abstenir de toutes réflexions et de tous commentaires favorables ou fâcheux au sujet de la conduite des personnes dont les noms figurent au procès. Cette détermination de notre part est du reste commandée par le fait de deux nouvelles instances, actuellement pendantes entre les mêmes parties devant le tribunal de Tarascon, et nous nous garderions bien de vouloir jeter aucunes préventions dans l'esprit des magistrats appelés à juger.

(Note du rédacteur)

TRIBUNAL DE 1re INSTANCE DE LA SEINE (1re CHAMBRE) PRÉSIDENCE DE DEBELLEYME, AUDIENCE DU 11 FÉVRIER.

Demande en nullité de mariage de la Polonaise. — Les artistes ambulants. — Lettre d'un fils à son père.

M. Mistral, l'un des plus riches négociants de Saint-Rémy (B. D. R.), demande la nullité d'un mariage que son fils a contracté en Pologne sans son consentement; déjà le tribunal avait accueilli la demande par défaut, et sur l'opposition de la demoiselle Dombrowska, l'affaire revenait à l'audience de la première chambre.

Me Paillet, chargé de soutenir la demande, exposait ainsi les faits de la cause.

Le sieur Mistral fils, dont le père est à la tête d'une opulente maison de commerce à Saint-Remy (B. D. R.), était en 1837 à Varsovie, où il avait été conduit par un vague besoin de changement.

C'est là qu'il fit la connaissance de la demoiselle Dombrowska, fille d'un charpentier de Thorn, en Prusse. Elle fascina bientôt le sieur Mistral fils, dont l'esprit faible et le caractère indolent le livraient sans défense à l'artifice des séductions les plus grossières. Ici Me Paillet donne lecture d'une lettre dans laquelle le fils annonce à son père son mariage.

Le « Publicateur » du 15 mars 1839, journal de l'arrondissement d'Arles — D. D. R.

Saint-Remy.

L'article extrait du journal le *Droit* et inséré dans notre avant-dernier numéro, au sujet des poursuites en nullité du mariage de M. Mistral fils, de Saint-Rémy, avec Mlle Dombrowska, n'avait été publié par nous qu'avec la plus grande réserve et surtout avec la déclaration expresse que nous entendions nous abstenir de toutes inductions fâcheuses contre les personnes dont les noms figuraient dans ce récit. Toutefois, nous comprenons que Mlle Dombrowska qui habite Saint-Remy et qui, s'il faut le dire, y est entourée de la vénération publique, ne pouvait rester sous le coup des imputations calomnieuses dont elle a été l'objet devant le tribunal de la Seine. M. Adolphe Dumas, notre compatriote provençal, notre jeune et chaleureux poëte, a été inspiré par son noble cœur à prendre la défense d'une malheureuse étrangère ; il nous a adressé, à propos de l'insertion par nous faite de l'article du *Droit*, une lettre que nous insérons aujourd'hui, parce que nous considérerons comme un devoir d'ouvrir nos colonnes à la justification comme nous les avons ouvertes aux plaintes de M. Mistral père. Mais nous persistons à nous abstenir de toutes réflexions sur des faits qui doivent être soumis à la justice du pays.

A Monsieur le rédacteur du « Publicateur, »

Monsieur,

Il est impossible, dans un pays d'honneur et de justice, de laisser plus longtemps une femme étrangère et d'honneur, à la discrétion de qui voudra la marier, la démarier, la prendre et l'abandonner, en faire une épouse ou une concubine, et quand on aura fait d'elle tout le mal qu'on aura voulu pour la perdre, la traîner, elle et tout ce qui lui reste de ses pudeurs, dans des idées de bagne avec des voleurs, et de prostitution avec des filles publiques. La constance de M. François Mistral de Saint-Remy, de Thibeaudeau, à poursuivre cette jeune femme dans sa vie, dans ses affections, et jusque dans son honneur à présent, est une chose abominable qui saisit au cœur les plus indifférents. Je vous loue, Monsieur, publiquement et très haut, de n'avoir admis que sous les réserves de votre silence les fausses et imprudentes déclarations de M. Mistral devant le tribunal de la Seine. Et maintenant, voici ce que j'ai à vous dire, et que le coupable devant Dieu le soit aussi devant les hommes. C'est sa faute. Faites votre devoir comme je fais le mien.

Croyez-le bien, on n'a pas pour soi tout ce clergé, toutes ces femmes et tous ces gens de bien, quand on n'est pas soi-même un peu de ces gens-là ; c'est déjà une sorte d'inscription en faux contre les méchancetés de M. Mistral. Un étranger qui passerait une heure à Saint-Remy, sans besoin d'instructions judiciaires, saurait des habitants de quel côté est la justice et la bonne cause. Je n'ai pas voulu m'en rapporter au bruit public, j'ai vu Mme Christine Mistral, née Dombrowska, je l'ai interrogée, et quand j'ai eu sa confiance, dont je m'honore, voici la légende allemande de tout cet amour et de tout ce malheur, qu'elle m'a contée avec des larmes. J'écris presque sous sa dictée. Et d'abord Christine-Wilhelmine Mistral, née Dombrowska, a vingt-quatre ans ; elle est grande, elle a de la dignité et de l'élévation jusque dans le port de sa tête; elle est blonde, elle a le visage jeune, frais et colorié, plein de vie et de sang pur; elle a le parler calme et lent d'une allemande, pleine de retenue et de candeur. Ses manières sont aisées et distinguées; les formes du monde lui sont très familières; elle n'éprouve d'embarras que pour parler, mais on voit que son embarras est beaucoup moins dans son esprit que dans notre langue qu'elle ne connaît pas. Du reste, elle paraît tenir du milieu de la société, plutôt en haut qu'en bas, et celui qui la confond (il n'y a que M. Mistral) avec une femme lasse de plaisirs vendus, fait le stupide pour paraître innocent.

Elle était à Berlin en 1833 (elle avait alors dix-huit ans), avec son père Dombrowski, entrepreneur de bâtiments et ancien soldat de Napoléon. Ce qui prouve qu'il n'était pas au bagne ni même un simple ouvrier à la journée, c'est qu'il logeait au même hôtel que Mistral fils, et que leur rencontre se fit au coin du feu et dans des rapports de vie intime. Dombrowska partit pour Posen avec sa fille. Le jeune Mistral avait trouvé le père si honorable, et Christine si peu indigne, qu'il demanda, pour toute ambition de prétendant, un souvenir en partant. Il fut laissé entre ses mains une bague, la bague d'or de Christine qu'elle avait reçue de ses parents le jour de sa première communion (M. Mistral-Thibaudeau appelle cela les séductions les plus grossières.)

Reportez-vous à trois ans (1836), elle avait alors 21 ans) Christine avait perdu son père et pour tirer parti des talents qu'elle avait conservés de son éducation, elle était à Posen dans la maison de la comtesse Karska, comme gouvernante de sa fille, pour lui enseigner le dessin, la musique et tout les petits riens qui font la première éducation des femmes. Observez qu'elle n'avait pas encore passé sept ans dans un maison de prostitution. Mme la comtesse

Karska était un soir avec sa fille et Christine, à l'opéra de Posen, à la première représentation de Zampa. Le jeune Mistral y était; il aperçut et reconnut Christine après trois ans et comme elle le reconnaissait moins, il lui montra son souvenir, et presque son gage et sa promesse. La reconnaissance se fit en présence de la comtesse, et quelques jours après, Mistral fit sa première visite. Je n'ajoute pas un mot, et pas un détail, je me fais une religion de ne pas toucher au recit, même pour l'orner—mais attendez. Christine allait se marier avec un jeune officier, quand elle revoit Mistral, elle rompt la promesse que la comtesse avait faite en son nom ; et puisque Mistral l'aime après trois ans de séparation et de voyages, elle se souvient aussi qu'elle l'aime, et qu'elle ne lui a pas donné son anneau pour rien. Je passe tous les détails d'un duel de Mistral et du jeune officier ; je veux abréger.

Reste cette année 1837. Le mariage se consomma avec amour et de bonne foi, et Mistral se donna vingt-sept ans, de peur de rencontrer un obstacle; ce qui constate dans l'acte presque un double veu, une double volonté. Et le 12 juin 1837, il écrivait à son père (la seule chose qui manque à ma femme c'est la fortune. Elle est d'une beauté remarquable, d'une famille très-honorée en Pologne, et très vertueuse. Je l'ai trouvée dans la plus pure innocence, et pour vous convaincre, permettez-moi, mon père de vous parler crûment.» Et il entre dans des détails précis pour se faire comprendre de cet homme délicat. Depuis ce moment, les lettres de Mistral fils à son père font pitié; il n'y a pas de supplications et de larmes que ce jeune homme ne répande sur le papier, (il ne parle que de Dieu, de pûreté, d'honnêteté et de vertu, de sa femme qui hait profondément le vice, d'enthousiasme pour le simple, le beau, le naturel et le divin ; un être de la nature, beau et aimable tel que Dieu les crée les entretient lorsqu'ils ne l'abandonnent pas, l'aiment, le louent et le prient.) Tout cela est inutile; jamais les Montmorency, les Marsillac et les Conti n'ont été aussi inflexibles sur les mésalliances que ce Mistral-Thibandeau de St-Remy. Je ne dirai qu'une chose de ces lettres ; c'est qu'elles ne sont pas d'un fou, de bien s'en faut, et ceux qui parlent de celui qui les a écrites comme d'un idiot, docteurs en médecine ou docteurs en droit, je les mets, la plume à la main, au défi d'en faire autant. Fénelon et St-Augustin ne pensaient pas autrement, et quelque fois pas mieux.

Ces pauvres enfants sont arrivés à Saint-Remy au mois d'août dernier, savez-vous comment? Ils ont traversé l'Europe à pied, et la France du Nord au Midi, avec un passeport d'indigence pour venir demander pardon à leur père. Ils ont mendié l'un pour l'autre; ils ont vendu à Paris les anneaux de mariage pour acheter des instruments et chanter sur les promenades. Il se fussent mis à gage comme domestiques, s'ils n'avaient pas craint, dit Christine, d'être séparés. Mais, du reste, ni secours, ni pardon. Si on vous contait ce pèlerinage d'amour, vous videriez votre bourse et votre cœur aux pieds de ces pauvres enfants; ils écrivent de Varsovie : nous n'avons plus rien, nous avons vendu notre trousseau. A Cologne, Christine est prise des douleurs de toutes les femmes et perd avant le temps un premier fruit de son mariage (après sa première entrevue avec son beau-père). A Paris, le jeune Mistral tombe malade d'une maladie de poitrine, et il est obligé de souffler dans un instrument à vent pour gagner des sous dont il faut vingt pour un franc; et le banquier de son père lui refuse (il en a l'ordre) cinq francs, dont il a besoin pour reposer d'un jour de travail sa poitrine malade. Ils partent comme des désespérés. A Avignon, ils étaient incarcérés, sans un juge d'instruction qui leur dit : allez trouver votre père à Saint-Remy, il y a de l'argent dans des sacs, il aura peut-être quelque chose dans l'âme. Ils sont arrivés ainsi de porte en porte jusqu'à Saint-Remy, et là le jeune Mistral s'est vu enfermé, gardé à vue dans la maison paternelle, et sa femme jetée à la rue. Ce n'est rien, ce malheureux jeune homme, séparé violemment de sa femme, épuisé des misères d'un an, et des fatigues de neuf cents lieues est réduit à un état maladif qu'on tourne encore contre lui; il n'y a pas jusqu'à ses dégoûts et ses abattements qu'on ne veuille faire passer pour des troubles d'esprit. Est-il devenu insensé comme par un coup de vent, et juste en rentrant dans la maison de son père? Personne n'en croit rien, malgré l'attestation de trois médecins — l'a-t-on rendu fou, pour l'avoir rendu malheureux par toutes sortes de violences? Ce serait à un jury de cours d'assises à répondre. Il faudrait le demander à douze bons pères, M. Mistral! Et Christine? Elle, comme la femme, devait être la plus malheureuse; on a découvert comme un petit piège de chat à rat, que le fils Mistral n'avait pas sa 25e année accomplie au jour de la célébration de son mariage, et que les sommations n'avaient pas suffi pour passer outre.

Et sur les art. 148 et 152 du Code, on a fait jouer une bascule de laquelle ils sont tombés tous les deux; lui dans une maison d'aliénés; elle, dans celle d'une sainte femme du bon Dieu qui l'a prise sur le pavé, et qui partage avec elle son pain et son feu. — Le curé de Saint-Rémy la visite souvent, sans cela, elle finirait peut-être par un suicide. Ajoutez qu'elle est mère. Et celui-là aussi mérite d'être un bâtard, ou même de ne pas naître, qui sait?

LETTRES DE MISTRAL

Varsovie, le 28 juin 1837.

Mon Cher Père,

Voilà deux mois que j'ai les poches entièrement vides. Après m'être trouvé dans la nécessité de vendre mon trousseau et celui de ma femme, nous avons été menacés chaque jour de nous voir mettre à la porte de l'hôtel, plusieurs fois on nous a refusé le café ou le dîner. N'ayant pas d'autre refuge, nous avions formé le projet de quitter furtivement Varsovie à pied en ne conservant que les habillements sur notre corps, et notre guitare pour chanter d'un village à l'autre, et ramasser ainsi notre pain et nous rendre à Breslau, où nous avions le projet de nous faire acteur-chanteurs.

Mon père, j'ai versé des larmes en lisant vos lettres et l'épithète si malheureuse dont vous appelez mon épouse vertueuse. Une femme qui subirait le supplice plutôt que de se soumettre à un autre que son mari! une femme qui haït profondément le vice, aime la vertu et s'enthousiasme pour le simple, le beau, le naturel et le divin. O ! détrompez-vous, mon cher père, je vous amène un être de la nature, beau et aimable, tel que Dieu les crée les entretient lorsqu'ils ne l'abandonnent pas, l'aiment, le louent et le prient.

D'ailleurs, mon cher père, je me console avec Dieu, qui mènera tout à bonne fin, et ne nous chagrine que pour nous mettre à l'épreuve et dans l'intérêt de notre salut éternel.

Je dois vous dire quelques mots au sujet de M. Franket, que vous me recommandez comme ami, et père, mon père, sachez que M. Franket n'est né ni pour l'amitié ni pour l'amour. Il vous a sans doute dit du mal de ma femme pour amener notre séparation dans l'espoir d'exploiter et de tenter la pauvreté par l'attrait des richesses.

Adieu mon cher père, ma chère mère et ma chère sœur; adieu toute ma famille, Dieu soit avec vous et vous envoie de la consolation.

JEAN MISTRAL.

Varsovie, 12 juin 1837.

« MON CHER PÈRE,

« J'apprends avec une vive douleur que la nouvelle de mon union avec Christine Dombrowska vous a causé de l'affliction. Sans doute, ce qui vous afflige, mon cher père, est le doute où vous êtes de la vertu de ma femme; je viens vous satisfaire. La seule chose qui manque à ma femme, mon cher père, est la fortune; elle est d'une beauté remarquable, d'une famille très honorée en Pologne, très vertueuse. Je l'ai trouvée dans sa plus pure innocence, et pour vous en convaincre, permettez-moi, mon cher père, de vous parler crûment..... (Ici, nous sommes forcés d'abandonner la lecture de ce document vraiment curieux. La lettre continue ainsi :)

« O, mon cher père, remerciez le bon Dieu de me l'avoir conservée, elle est une noble et belle créature, très éclairée, très intelligente. Son âme est si élevée et ses sentiments si distingués, que je doute bien souvent si j'ai une femme ou un ange. Depuis que je suis à ses côtés, je suis comme nouveau-né, et sans elle je ne saurais vivre ; elle aussi ne saurait vivre sans moi, et l'un et l'autre préférerions la mort à la séparation.

« O empressez-vous, mon cher père, de nous appeler à vous, elle est bien celle que Dieu m'a destinée, elle est bien le corps où Dieu a mis la moitié de mon âme, et sans elle je ne serais et sans moi elle ne serait qu'un demi-être. Appelez-nous bientôt à vous, mon père, sinon vous regretterez dans la suite d'avoir hésité de reconnaître pour votre fille celle que Dieu a destiné à l'être pour l'éternité Oh ! appelez-nous à vous, car nous sommes avides de vous voir et de vous embrasser.

« Dieu vous conserve JEAN MISTRAL.

Varsovie, 12 juillet 1837.

Mon cher ami,

Je vous ai raconté dans le temps que j'avais rencontré une femme pauvre mais belle et vertueuse et que cette femme m'avait inspiré l'amour.

Cet amour est cette noble passion qu'une femme et un homme, que Dieu destinait l'un pour l'autre s'inspirent mutuellement, c'est le plus haut sentiment de l'homme, et il doit tout lui sacrifier.

Mon cher ami, cet amour, qui a élevé mon âme à l'amour du très-haut, cette ivresse divine qui tous les jours ouvre davantage mon regard, éclaire mon esprit sur les événements de ce monde et sur les hommes ; cette délicieuse ardeur qui seule amène à la connaissance du vrai, du beau et du bon, on veut que je le sacrifie à des considérations d'argent ; ce seul bien des grandes âmes, on a fait toutes les démarches possibles pour me l'enlever.

Après avoir essayé de tous les moyens, on s'adresse à vous, mon cher ami ; et vous qui avez un noble cœur, vous me comprendrez et m'assisterez.

Adieu, mon cher, Dieu vous conserve.

Jean Mistral.

Après avoir cité ces trois lettres, M. Dumas continue :

Cette histoire n'a pas un mot qui ne soit douloureux. Et l'on se demande comment le cercle de sa famille peut renfermer d'aussi grands malheurs. C'est qu'il faut des vertus partout, et des vertus éclairées ; votre autorité de père, M. Mistral, était aussi un devoir et vous y avez manqué. Les anciens patriarches attendaient un ordre de Dieu pour sacrifier leurs enfants ; et vous, qui vous a commandé ? ce n'est pas Dieu ni les hommes, car les hommes désavouent ce que vous faites. Il n'y a donc que votre conscience ; eh bien, elle vous a mal conseillé ; vous voyez bien que votre pauvre enfant avait raison de vous le dire, avec sa touchante sagesse. « Les richesses vous ont énorgueilli et aveuglé, et vous ne connaîtrez cela qu'au lit de mort ; car alors les yeux du corps se ferment et les yeux de l'esprit s'ouvrent ». Wilhelmine-Christine Mistral, née Dombrowska, est l'objet de la sollicitude de toute la population de St-Remy et de la Provence, à la tête de laquelle il faut placer toutes les femmes, toutes les filles, et tous les gens de cœur, et le clergé qui n'a pas voulu la démarier comme la loi civile, protestant bien que la loi religieuse n'admet pas la prostitution dans l'église. Les premiers magistrats du pays décideront dans quelques mois, si un homme de vingt-cinq ans, et en France, peut être immolé à des rigueurs qui remontent aux douze tables ; et si la loi qui protège toutes les conventions loyales, et leur donne force de loi n'a pas garantie pour le mariage, la plus sainte des conventions humaines ; et si la parole d'une femme qui a traité d'elle-même et de bonne foi, devant un prêtre et devant l'état-civil, a moins de valeur aux yeux des juges et des législateurs, qu'un arpent de terre, ou une charretée de chardons. Mais en attendant, comme il y a trois existences en danger, il faut appeler du secours et prompt et de partout. Il y a un jeune homme qui devient fou, le jeune homme a été gardé et séquestré et mis au bout d'un canon de fusil devant toute la population de St-Remy. Est-ce assez de violence? Le reste de ce drame se passe derrière une porte et au delà une grille, et il faut compter comme une conscience qui juge, cet instinc public qui deviné et crie qu'il y a quelque chose de caché là dessous. Et il ne faut pas attendre, car dans peu ce jeune homme sera fou ; cette femme sera peut être morte avec son enfant, et tout cela est abominable. Plus qu'un mot, pour vous M. Mistral. Pour ôter à cette femme la touchante sollicitude qu'elle éveille autour d'elle, vous avez publié, comme un imprudent, qu'elle était non seulement déshonorée, (elle l'était par vous) mais qu'elle n'était point femme d'honneur, et qu'elle n'en avait plus après l'avoir vendu pendant sept ans.

Oh! M. Mistral!.....

Et si ce n'est pas, quel code pénal voulez-vous qu'on invente contre vous? Ce n'est pas assez du témoignage de votre fils, qui est obligé de vous parler crûment, et de vous donner des détails physiologiques de peur de n'être pas compris ; ce n'est pas assez de ce calcul stupide de sept ans de prostitution à vingt-un ans, ce qui ferait remonter le premier acte de débauche de cette enfant à sa première communion, il fallait qu'un préfet (Marchalek en polonais), avec le sceau de sa préfecture, département de Koninsk, royaume de Pologne, m'écrivit : « Portez secours à cette malheureuse sacrifiée ; Mlle Dombrowska est digne de pitié ; et son beau-père mérite le mépris de toute l'Europe. Demandez pardon aux époux Mistral de ce que je ne peux pas leur écrire en français ; je ne connais pas cette langue. » Et que la comtesse Karska ajoutât de sa main ; que Christine Wilhelmine Dombrowska était chez elle d'une conduite bonne et irréprochable, et mérite, comme une personne pleine d'honneur, et de bonne renommée cet honorable certificat. »

Et maintenant, que voulez-vous que je vous dise, moi, qui, étranger à ces débats, m'y mêle par un sentiment fait de justice et de pitié, pour vous parler publiquement de vos devoirs ? Je vous dirai avec une affliction profonde : Vous avez mis à terre et sous vos pieds une femme, la femme de votre fils, et la mère de son enfant. N'y touchez pas, que je ne la relève, si vous ne voulez soulever toutes les justices à la fois. Ne voyez-vous pas ce qu'il y a d'infâme dans le fonds d'ordures et d'immondes calomnies versées sur cette femme ? et dans un tel moment ! tenez ! j'aime mieux me détourner vers elle et porter aux pieds de sa couche les consolations publiques, mes vœux de délivrance et mon profond respect.

Alphonse Dumas.

Eyragues, 3 mars 1839.

Voilà ce qu'écrivait en 1839 un compatriote de Jean Mistral.

Il est facile de reconstituer avec ces documents et l'enquête faite par le correspondant du *Voltaire* le drame de Saint-Remy. Jean Mistral, éperdûment amoureux de Christine Dombrowska, lui, le fils d'un homme vingt fois millionnaire, aime mieux faire neuf cents lieues à pied en chantant et en soufflant dans un instrument de cuivre, plutôt que de renoncer à son amour. Il arrive enfin après des péripéties sans nombre à Saint-Rémy. Sa santé est délabrée. Il a la poitrine fatiguée, le corps exténué. La fièvre le dévore. Il aurait pu rester en Pologne ; mais il veut présenter à sa famille celle qu'il a épousée et qu'il trouve digne d'elle, certain qu'il est de fléchir la colère paternelle. Son père va à sa rencontre, le fait arrêter par des hommes armés. Christine, elle-même qui lui a apporté avec son amour des preuves irrécusables de son innocence et de sa pureté, est traitée publiquement de voleuse et de fille publique par le père Mistral, que ses supplications trouvait inexorable. Elle est saisie elle-même par les gendarmes et expulsée de Saint-Rémy. Alors des populations entières lui font des ovations et lui tressent des couronnes. C'est ainsi qu'on proteste contre la séquestration de Jean et la férocité de son père.

Il est possible que ce voyage, ces souffrances, cette arrestation aient produit une surexcitation chez un jeune homme déjà exalté par cette passion dont ses lettres sont empreintes. Qui donc ne se fût emporté comme lui dans de pareilles conditions ? Un simple consentement de son père l'eût calmé. Un repos de quinze jours eut produit le même résultat. Mais le négociant en chardons, que sa fortune rend puissant, se dit : puisqu'il y est, il y restera. Or, il est plus facile d'entrer dans une maison de santé que d'en sortir. Les médecins ne veulent pas avouer qu'ils ont retenu illégalement un homme qui n'était pas fou, ne fût-ce qu'un mois. Alors Jean reste à l'établissement. Il est passé sur le livre de la maison à l'état de rente viagère. Il n'en sortira plus. Il a la douleur de ne perdre son père qu'au bout de TRENTE ANS. Trente ans dans la vie d'un homme sequestré parmi les fous ! Il y a de quoi lui faire perdre la raison. A la mort du *patriarche* de Saint-Rémy, on songea à rendre ce martyr à la liberté. Mais on ne pouvait le faire sans désavouer cruellement la conduite d'un *de cujus*, dont il aurait fallu partager la succession en deux parts. N'était-il pas plus simple à la fois et plus respectueux pour la mémoire de M. Mistral de maintenir le *statu quo* ? Pendant ce temps la raison de Jean sombrait. Aujourd'hui il a perdu l'habitude de parler et de raisonner. Sa mémoire semble s'être figée. Mais il n'est point dangereux. Qui sait si des distractions, des voyages, des promenades en plein air, la vue des lieux qui lui rappelleraient Christine Dombrowska ne lui rendraient une partie de ses facultés éteintes?

Nous attendons avec impatience la mesure que prendra M. le Ministre de l'Intérieur, persuadé qu'il ne se laissera pas influencer par des rapports d'aliénistes qui ne peuvent, sans rompre avec leurs traditions, admettre une conclusion désobligeante pour leur confrère de Montpellier, et conclueront quand-même au maintien du *statu quo* dans l'intérêt de Jean Mistral et de la sécurité publique.

Nous apprenons que M. Fournier fait rechercher Christine Dombrowska et son fils. Peut-être vivent-ils l'un et l'autre. Dans ce cas il y aurait un héritier avec lequel le tuteur de Jean devrait un jour compter, car il serait enfant putatif, ne pouvant être rendu responsable de la nullité du mariage.

Nos félicitations à M. Fournier. Qu'il poursuive son œuvre réparatrice sans se laisser intimider par les calomnies, dont on connait la source et l'origine, et se laisser détourner de son but par ceux qui déplacent la question. Elle est tout entière aujourd'hui dans l'article 510 du code civil qui décide que l'interdit qui a de la fortune pourra être soigné chez lui et que ses revenus seront *essentiellement* employés à l'adoucissement de sa situation. Comme le [illegible] M. Louis Donzel dans sa lettre au Ministre publiée par M. FOURNIER il y a là pour la famille un devoir strict que devient plus étroit encore quand les économies réalisées par une séquestration inutile accroissent la fortune du tuteur qui est en même temps l'héritier.

Il aura fallu 43 années pour découvrir l'article 510 du code civil et Christophe Colomb n'a mit que trois ans pour découvrir l'Amérique !

J. DE LETOWSKI

Paris, Septembre 1882.

Paris — Imprimerie ADOLPHE REIFF, 9, place du Collège de France

www.ingramcontent.com/pod-product-compliance
Lightning Source LLC
LaVergne TN
LVHW010222230826
846091LV00008BB/3625

* 9 7 8 2 0 1 9 9 5 9 6 5 4 *